L'EPÉE
DE
JEANNE D'ARC,
OU
LES CINQ..... DEMOISELLES,

A-PROPOS BURLESQUE ET GRIVOIS,

EN UN ACTE, A SPECTACLE, MÊLÉ DE COUPLETS.

Par MM. ***.

Représenté, pour la première fois, sur le Théâtre de la Porte St.-Martin, le 1.er Juin 1819.

PARIS,

CHEZ J.-N. BARBA, LIBRAIRE,

Éditeur des Œuvres de PIGAULT-LE-BRUN,

PALAIS-ROYAL, DERRIÈRE LE THÉÂTRE FRANÇAIS, N°. 51.

De l'imprimerie de Hocquet, rue du Faubourg Montmartre, n° 4.

1819.

PERSONNAGES.	ACTEURS.

JUPITER . . . . MM. *Pascal.*
(Il doit être joué en ganache, malgré la sévérité du costume.)

MERCURE . . . . *Émile.*

ZÉPHIR . . . . *Moëssard.*
(A défaut de deux acteurs d'une forte corpulence, il faut faire jouer ces habits, sans pour cela leur rien ôter de leur exactitude.)

UN ESPRIT . . . . *Tissot.*

JEANNE D'ARC, jouée aux Français. . Mesd. *Vanhove.*

JEANNE D'ARC, jouée au Vaudeville. *Florval.*

JEANNE D'ARC, jouée au Cirque olympique. . . . . *Mariani.*

JEANNE D'ARC, jouée à Orléans . . *Herminie.*

JEANNE D'ARC, de Chapelain. . . *St.-Amand.*

Esprits aériens.

La scène se passe dans l'Olympe.

NOTE POUR LES COSTUMES. — *Jeanne des Français.* Robe chamois bordée d'un velours noir avec pièce de satin blanc au corsage, toque de velours noir embrassée de plumes blanches et attachée avec des gourmettes. — *Jeanne du Vaudeville.* D'après la gravure. — *Jeanne d'Orléans.* Comme celles des Français. — *Jeanne du Cirque.* Robe rouge avec frange d'or, cuirasse avec cotte de mailles, casque avec plumes blanches, bouclier, lance, etc. — *Jeanne de Chapelain.* Robe brune à paniers, chapeau à plumes blanches, cuirasse, cheveux blancs et lance sur laquelle elle s'appuye.

L'EPÉE
DE JEANNE D'ARC,

ou

LES CINQ..... DEMOISELLES.

Des nuages doivent être çà et là sur le Théâtre, et surtout devant les trappes que l'on ouvre pour l'arrivée des Jeanne-d'Arc.

SCÈNE PREMIÈRE.

ESPRITS AÉRIENS, *armés de balais et de plumeaux.*

CHŒUR.

Air: *D'shabillez, d'shabillez, d'shabillez-li.* (De la parodie *Vestale* de Désaugiers.)

Balayons, balayons, balayons bien,
Zéphir nous l'ordonne,
Obéissons à sa personne.
Balayons, balayons, balayons bien,
Que le ciel soit pur et qu'il n'y manque rien.

SCÈNE II.

Les Précédens, ZÉPHIRE. (*Il arrive en voltigeant*

ZÉPHIRE.

Les héroïnes qu'on va voir
Ont de belles ames,
Mais enfin ce sont des femmes,
Il faut pour les bien recevoir
Transformer les cieux en un vaste boudoir.

Reprise du chœur.

Balayons, balayons, etc.

ZÉPHIRE, *aux Esprits aériens.*

Écoutez-moi, mes chers amis; vous êtes des esprits, veux bien le croire, mais pour que vous n'agissiez pas comm des sots, je vais, en ma qualité de maître des cérémonies d

Olympe, vous faire part du grand objet qui nous occupe aujourd'hui. En quatorze cent trente, Charles VII renversé de son trône, n'avait plus pour refuge que la ville d'Orléans, qu'une faible garnison défendait encore; lorsqu'une jeune fille, qui n'avait de son sexe que les grâces, résolut de venger son roi méconnu et la France avilie; elle vole à la tête des troupes, ranime en leur cœur l'espoir de sauver la patrie, les mène devant Orléans, dont elle fait lever le siège, et le monarque triomphant est couronné à Rheims, en dépit des Anglais.

Air du Verre.

Rendant leurs efforts superflus,
Jeanne d'Arc, malgré son jeune âge,
Les étonne par ses vertus,
Les fait trembler par son courage;
Trahie, elle sait opposer
Un cœur qu'en vain on veut abattre.
Des lâches seuls pouvaient oser
La brûler, n'osant la combattre.

TOUS LES ESPRITS, *surpris*.

La brûler!

ZÉPHIR.

Oui, mes amis. Après la mort de cette héroïne, surnommée la Pucelle d'Orléans, Jupiter s'empara de ses armes immortelles, et crut les garder éternellement, supposant qu'on ne pouvait rencontrer deux femmes comme celle-là; eh bien, pas du tout, des Jeanne-d'Arc ont paru dans différens quartiers de Paris, et quoique, pour des demoiselles de ce pays-là la comparaison soit assez difficile à soutenir, cinq se présentent pour réclamer son épée; mais Jupiter n'est pas homme à se laisser tromper en pareil cas, et c'est aujourd'hui qu'il doit les juger.

Air : *Vaud. de Turenne.*

Dans cette cause peu commune,
Jupin doit élever la voix,
Pour lui quelle bonne fortune!
Quoi! cinq pucelles à la fois
Pourtant, je le dis sans malice,
De ce dieu que l'amour conduit,
Je ne croyais pas que le lit
Deviendrait un lit de justice.

Vous m'avez entendu, allez.

(*Les Esprits reprennent le chœur et sortent.*)

Balayons, balayons, balayons bien, etc.

SCÈNE III.

ZÉPHIRE, seul.

Ces cinq Jeanne-d'Arc vont, je l'espère, dérider un peu le front du seigneur Jupiter; c'est que de son naturel, il n'est pas gai le seigneur Jupiter.

Air : *Vaud. des Maris ont tort.*

Un rien l'afflige, un rien l'attriste,
Et quoique le maître des cieux,
Un dieu si maussade et si triste
Devrait-il régner sur des dieux?
Non, de cette noble demeure,
Il mérite d'être éconduit,
Une divinité qui pleure
Ne vaut pas un mortel qui rit.

Ces jeunes femmes, je l'espère,
Dissiperont ses noirs soucis.
A Jupin, elles doivent plaire,
Puisqu'elles viennent de Paris.
On les dit et fraîches et belles,
Or je puis le certifier,
Chacune de ces demoiselles
A ce qu'il faut pour l'égayer.

Eh! mais, qui vient à tire d'aile de ce côté?... je ne me trompe pas, c'est Mercure.

SCÈNE IV.

MERCURE, ZÉPHIRE.

MERCURE.

Air : *De Psiché.*

Je suis
Presque gris,
Mais n'en suis pas surpris;
J'arrive de Paris,
C'est un vrai paradis,
Les jeux et les ris,
S'y trouvent réunis,
Pour les dieux, les commis,
Ce pays
Est sans prix.

Vins délectables !
Plaisirs aimables,
Sont préférables
A nos dignités.
Fillettes,
Grisettes,
Fraîches, joliettes,
Y sont moins coquettes
Que nos déités.

Je suis, etc.

ZÉPHIRE, *regardant Mercure.*

Mais mon cher Mercure, est-ce que tu voudrais aller sur mes brisées, te voilà presque aussi gras que moi.

MERCURE.

Cela pouvait-il être autrement? Jupiter m'avait envoyé dans le quartier du Palais-Royal, et chaque jour je déjeunais chez Legacque, je dînais chez Beauvillier, et je soupais chez Véri.

ZÉPHIRE.

Ah ! que tu étais bien là !

MERCURE.

Je dois en convenir, je n'y étais pas mal, et je ne sais si c'est le nectar à huit francs la bouteille que j'y ai pris ce matin, qui me tourne la tête, mais je n'ai plus de jambes.

ZÉPHIRE.

Eh ! bien, assieds-toi, voici un nuage. (*il lui en avance un.*) Il me parait que tu es venu vite ?

MERCURE.

Autant que mon état me le permettait.

Air : *Vaud. du Procès.*

Je crois que ce voyage-ci
A Jupin prouvera mon zèle,
Car en mettant le pied ici,
Je ne battais plus que d'une aile
Pour que Mercure puisse mieux
Porter ses galantes ripostes,
Il devrait de la terre aux cieux
Etablir des malles-postes.

ZÉPHIRE, *étonné.*

Des malles-postes ?

MERCURE.

Oui, ou tout au moins des carosses de place.

ZÉPHIRE

Dis-moi donc ce que c'est que des malle-poste.

MERCURE.

Ce sont de nouvelles voitures, faites tout exprès pour que le public ne voyage pas en diligence.

ZEPHIRE.

N'y a-t-il que ça de nouveau !

MERCURE.

Oh! que non. Nous avons un homme qui veut avoir, en dépit de Jupiter, un brevet d'invention pour le déluge. Des acteurs qui chantent les vers de Racine, en compagnie avec les cœurs de l'opéra, des chèvres du Thibet, qui, si l'on en croit les on dit, feront crier incessamment les cachemires à vingt cinq sous ; enfin le monde est un véritable cahos. C'est à qui s'y montrera le plus ridicule.

Air : *Des nations de la terre.* (de Douvres et Calais.)

Des humains c'est la manière,
Ils sont ainsi presque tous ;
Même les sages sur terre,
Agissent comme des fous ;
Ils cherchent à se trahir
Dans l'espoir de s'enrichir ;
Mais, hélas ! sans réussir,
On en voit beaucoup mourir.
L'un n'a que de la jactance,
L'autre ne souffle pas mot.
Malgré cette différence,
Chacun des deux est un sot.
L'un crut faire un opéra,
Point du tout, il le pilla,
Et celui qu'il imita,
Ailleurs l'avait pris déjà.
Poursuivant une autre route,
Plus loin ce riche seigneur,
Tous les ans fait banqueroute,
Mais en tout bien tout honneur.
Là-bas c'est un maigre auteur
Faisant un restaurateur,
Quand un gros milord bien plein,
Se plaint de n'avoir plus faim.
L'un se dit partout le père
De la justice et des lois,
Et dénonce son confrère
Pour obtenir ses emplois ;
Celui-ci, plus déhonté
Du jeu qu'il n'a pas quitté,
Sort et va tonner ailleurs
Contre la perte des mœurs.
Celui-là cherchant un gîte,
Et voulant se faire un nom,
Parle, parle, et se fait vite

Conduire exprès en prison.
Là-bas, c'est une beauté
Innocente en vérité,
Mais qui doit au parfumeur
Cinq ou six pots de fraîcheur.
Là se voit un pamphlétaire
Mettant papier sur papier
Et ruinant son libraire
Pour payer son épicier ;
Enfin courtisans, rampans
Journalistes à tous vents,
Des trompeurs toujours trompés,
Des maris toujours dupés.
Des humains c'est la manière,
Ils sont ainsi presque tous ;
Même les sages sur terre,
Agissent comme des fous.

ZÉPHIRE.

Et le tableau est fidèle ?

MERCURE.

Il est encore flatté, je t'assure.

ZÉPHIRE.

Il n'est pourtant pas flatteur. Mais mon cher Mercure, parle-moi donc un peu de ces jeunes demoiselles pour lesquelles tu as fait, tout exprès, le voyage de Paris.

MERCURE.

Les Jeanne-d'Arc ? je les ai trouvées, mais ça n'a pas été sans peine. L'une était dans une maison de fous rue de Chartres, et la pauvre fille n'en était pas plus gaie. L'autre était Faubourg du Temple dans une caserne de cavalerie et quand je l'ai apperçue, elle m'a paru d'un pâle, d'un pâle.

ZÉPHIRE.

Tu veux parler de celle du Cirque olympique ? tu sais bien qu'elle n'a jamais eu beaucoup de couleur.

MERCURE.

La plus vieille, et par conséquent, la moins aimable, celle d'un nommé Chapelain, était reléguée dans la bibliothèque d'un sourd-muet ; j'en vis une autre qui trop faible, pour se montrer à Paris, se montra à Orléans ; et enfin je trouvai celle de Monsieur de .... (*Il lui parle bas à l'oreille.*) dans le boudoir d'une dévote.

ZÉPHIRE.

Quoi ! cette petite dévergondée, dans le boudoir d'une dévote ?

MERCURE.

Air : *A soixante ans*, etc.

Ion mérite peu le blâme,
Chez elle en la faisant venir,
Je répondrais que cette chaste dame
Tout doucement voulait le convertir.
D'ailleurs, on convient tout de go,
Et toi, d'esprit à cet objet charmant,
Ce grand génie assurément,
Des guerrière avait manqué la place
Dans un boudoir plutôt que dans un camp.

ZÉPHIRE.

On la dit meilleure que les autres cependant ?

MERCURE.

Sans contredit, et tu pourras en juger, si toutefois elle se rend ici, ce dont je ne répondrais pas, car elle est d'une frivolité !...

ZÉPHIRE.

Arrivent-elles en célérifères.

MERCURE.

Non, ces voitures ne vont pas assez vite pour ces dames, et j'ai passé chez l'aéronaute Margat, à qui j'ai commandé des ballons, et il a dû établir des relais depuis leurs domiciles jusqu'ici.

ZÉPHIRE.

Eh ! pourquoi les faire venir en ballon ?

MERCURE.

C'est qu'elles sont naturellement très-faibles, et d'ailleurs :

Air : *Vaud. des Limites.*

Ce n'est pas la première fois
Qu'en ballon en vit le courage ;
A Fleurus le peuple Gaulois
Par eux put venger un outrage.
Fier de son sang, fier de son nom,
Pour voler plus vite à la gloire,
De la nacelle d'un ballon
Il a fait un char de victoire !

UN ESPRIT AÉRIEN, *dans la coulisse.*

Au secours ! au secours !

MERCURE.

Qui fait un pareil bruit ? Jupiter aurait-il ses attaques de goutte ?

L'Epée de Jeanne d'Arc.   B

ZÉPHIRE.

C'est un des Esprits de garde aujourd'hui, à la porte de
l'Olympe.

SCÈNE V.

Les Précédens, UN ESPRIT AÉRIEN, accourant. (Il
est armé d'une grande lance.

Air : *Silence, silence, silence.*

A peine je respire,
Des mortels sans rien dire,
Du ciel franchissent l'escalier,
Cependant y'a parlez au portier.

MERCURE.

Point de doute, ce sont nos dames.

L'ESPRIT AÉRIEN.

Air : *Qu'est-ce que c'est?* (De la *Matinée villageoise.*)

Quoique femme en silence,
Dans un ballon, j'en ai l'assurance,
Chaque Jeanne s'avance
Et vient tout droit ici.

SCÈNE VI.

Les Précédens, TOUS LES ESPRITS AÉRIENS, ayant à
la main de grandes lunettes.

TOUS LES ESPRITS, *accourant.*
Les voici, les voici.

MERCURE et ZÉPHIRE, *prenant aussi de grandes lunettes.*
Suite de l'air.

Ces aimables objets
Sont bons à voir de près,
Braquons notre lunette,
Dirigeons-là sur chaque fillette,
Jamais jeune poulette
Trop près ne se verra.

(*Ils dirigent leurs lunettes vers la terre, pour voir monter les
ballons.*)

SCÈNE VII.

Les Précédens, JEANNE du Vaudeville, JEANNE du Cirque, JEANNE de Chapelain, JEANNE d'Orléans.
(*Elles arrivent en ballon.*)

TOUTES LES QUATRE.

(*Fend l'air.*) Nous voilà, nous voilà, nous voilà.
(*Elles se tiennent près la terre pendant le chœur suivant.*)

CHŒUR D'ESPRITS.

Air : *Pour St.-Cyr, ah ! quelle gloire !*

Honneur à ces demoiselles
Qui viennent visiter les cieux,
Elles sont vaillantes et belles,
Amis, ce sont des Pucelles
Le seul nom rare et glorieux !

JEANNE du Vaudeville.

Cet accueil des plus aimables
Prouve à nos cœurs satisfaits
Que tous les dieux sont bons diables.
Pour des guerrières traitables
Montrez-vous polis, aimables...
Ne vous montrez pas Anglais.

CHŒUR.

Honneur à ces demoiselles, etc.

ZÉPHIRE.

Soyez les bien venues.

JEANNE du Vaudeville.

Qu'on remise nos voitures.

MERCURE, *étonné.*

Quoi ! Mesdemoiselles, vous n'êtes que quatre ?

JEANNE du Vaudeville.

Oui, la cinquième, remarquée par un officier de dragons, en passant près du champ de Mars nous a quittées pour le suivre au Jeux chevaleresques.

Air : *Le soir après paisible orage.*

Je lui fis croire avec adresse
Qu'il fallait, pour entrer ici,
Donner des preuves de sagesse,
Alors la belle nous a fui,
Disant, en des termes burlesques,
Qu'avec plaisir elle fuyait ces lieux,
Sûre qu'aux jeux chevaleresques
On était bien moins scrupuleux.

ZÉPHIRE, *à Mercure, en regardant la vieille Pucelle de Chapelain.*

Ah! mon cher Mercure, est-ce que celle-ci serait aussi une?...

MERCURE.

Elle en a le titre, mais je crois que ça se borne là.

JEANNE *de Chapelain, à Zéphire.*

Ne croyez pas cela monsieur, et sachez que je n'ai point usurpé le nom que je porte.

(*Elles ont toutes sur la poitrine un écriteau portant leurs noms.*)

Air : *Marche de M. Catinat.*

Si d'un ton sec et dur, je parle au genre humain,
C'est que je dois le jour à Monsieur Chapelain,
« Qui de son lourd marteau, martelant le bon sens,
» A fait de méchans vers douze fois douze cents. »

ZÉPHIRE.

Ah! vous êtes la fille de Chapelain! Si vous avez autant de courage que ceux qui vous lisent, je vous en fais mon sincère compliment.

JEANNE *de Chapelain.*

Oui, monsieur je suis fille de Chapelain et je m'en flatte.

MERCURE.

Il n'y a pas de quoi.

JEANNE *de Chapelain.*

Eh! mon dieu, j'ai tout autant de vertus que ces demoiselles.

MERCURE.

Cela ne prouve rien.

JEANNE *de Chapelain.*

Air : *Prenons d'abord l'air bien méchant.*

De Jeanne d'Arc prenant le ton,
Aux champs pudiques de la vaillance
Je fis reculer le Breton
Pour venger l'honneur de la France.

ZÉPHIRE.

Ne pas croire à de tels succès,
Ce serait par trop ridicule,
Car moi qui ne suis pas Anglais,
En vous regardant... je recule.

MERCURE, *à Zéphire, en lui montrant Jeanne d'Orléans.*

Devant celle-ci, ce ne serait pas de même, n'est-ce pas?

ZÉPHIRE, *s'approchant d'elle.*

Mon certe et je....

JEANNE d'Orléans.

N'approchez pas, ou d'un coup de ma lance...

ZÉPHIRE.

Doucement s'il vous plaît. Comme elle est sévère !... Vous ne venez de pas de Paris, mademoiselle.

JEANNE d'Orléans.

Non monsieur. Impatiente de me montrer au public, et persuadée que j'attendrais au moins dix ans dans la rue de Richelieu, je pris la patache et j'allai cueillir des lauriers à Orléans.

Air: *De l'auberge de Bagnères.*

D'une héroïne ayant les traits,
Le courage et le caractère,
Je vous assure qu'aux Français,
Comme une autre j'aurais su plaire.
De ma beauté l'on fut surpris,
Et l'on peut voir à mon audace
Que j'aurais bien tenu ma place
Au Palais-Royal à Paris.

JEANNE du *Vaudeville*, avec inspiration.

O belliqueux Michel! toi dont les saintes inspirations m'élèvent au dessus de moi-même, ne me conduiras-tu jamais ?...

MERCURE, *l'interrompant.*

Ah! mademoiselle, pour venir du Vaudeville, vous tenez-là un langage qui sent furieusement le mélodrame.

JEANNE du *Vaudeville.*

Monsieur, ce langage-là produit de l'effet partout et me donne, je l'espère, des droits à l'Epée de Jeanne-d'Arc.

MERCURE.

Quoi! sérieusement, vous auriez aussi des prétentions ?...

JEANNE du *Vaudeville.*

Oui, monsieur, j'ai des prétentions et beaucoup. Pourquoi n'en aurais-je pas, s'il vous plaît?

Air: *Du Pot de fleur.*

Sans cette étonnante sagesse,
Qui la guida dans les combats,
Jeanne-d'Arc, malgré son adresse,
Sur moi ne l'emporterait pas.
Lorsqu'elle sut, dans ces jours de carnage
Vaincre l'Anglais et le chasser,
J'aurais bien pu la surpasser...
S'il n'eut fallu que du courage.

MERCURE.

Du courage, du courage, mais n'êtes vous pas toute de fabriques françaises. (*On entend gronder le tonnerre.*)

JEANNE du *Vaudeville.*

Ah! quel bruit!

MERCURE.

C'est la sonnette de Jupiter. Il m'appelle et je vous quitte un moment, mesdemoiselles, pour prévenir mon maître de votre arrivée et faire convoquer le tribunal.

JEANNE *du Cirque.*

C'est ça, monsieur, un tribunal, moi qui parle, parce que je suis pas chez nous.....

MERCURE, *à Zéphire.*

Elle vient du Cirque olympique.

JEANNE *du Cirque.*

Je vous dirai que nous mettons un tribunal dans toutes nos pièces, et que les juges, les accusateurs et les accusés s'en trouvent très-bien.

ZÉPHIRE.

Il n'y a donc que le public qui s'en trouve mal?

JEANNE *du Cirque.*

Tant mieux quand cela lui arrive. C'est bien ce qu'il nous faut! des évanouissemens, des attaques de nerfs, une mort même, rien n'est plus salutaire à un ouvrage, cela lui assure un succès de vogue.

JEANNE *du Vaudeville, à Mercure.*

Monsieur, dépêchez-nous s'il plaît nous sommes impatientes.

MERCURE.

Soyez tranquilles, ça ira chaudement.

JEANNE *du Vaudeville.*

Nous ne nous en trouverons que mieux.

MERCURE, *à Zéphir.*

Air: *Alerte, alerte* (des Montagnes.)

Je vole, je vole, mon cher
Dans les plaines de l'air,
Je vole, je vole, vers Jupiter,
Quoique l'aile du dieu Mercure
Soit la plus prompte et la plus sûre,
Sur terre que de gens, ma foi,
Même sans être gens de loi,
Volent bien mieux que moi.

ZÉPHIRE, *aux esprits aëriens.*

Vous autres, suivez Mercure; pour rester avec ces dames, je n'ai pas besoin d'esprits.

(*Tous sortant avec Mercure.*)

Il vole, il vole, etc.
Je vole, je vole, etc.

SCENE VIII.

ZÉPHIRE, LES QRATRE JEANNE-D'ARC.

ZÉPHIRE.

Je sais gré à Mercure de me laisser seul avec quatre demoiselles aussi aimables que vous paraissez l'être.

JEANNE *du Vaudeville*.

C'est qu'il a bonne opinion de vous. Aussi vais-je profiter de son absence pour vous faire un aveu. Ma cause est bonne, je la gagnerai, la chose est sûre, cependant je voudrais avoir un avocat.

JEANNE *du Cirque*.

Moi aussi.

JEANNE *d'Orléans*.

Moi aussi.

JEANNE *de Chapelain*.

Et moi aussi.

ZÉPHIRE.

C'est facile.

JEANNE *du Vaudeville*.

Mais je desirerais qu'il n'ouvrît pas trop la main et qu'en revanche....

ZÉPHIRE, *l'interrompant*.

Il ouvrit beaucoup la bouche n'est-ce pas? Eh! bien vous aurez de la peine à trouver cela ici.

JEANNE *du Vaudeville*.

C'est donc comme à Paris.

ZÉPHIRE.

La justice est chère partout.

JEANNE *du Vaudeville*.

Comment il n'y aurait aucun de ces messieurs?....

ZÉPHIRE.

Nous avons bien Apollon, mais dans ce moment-ci il fait plus de bruit que de besogne.

JEANNE *du Vaudeville*.

Ce n'est pas l'homme qu'il nous faut.

ZÉPHIRE.

Je fais une réflexion, adressez-vous à Mercure, il aime l'argent et votre cause fût-elle mauvaise, ce que je ne puis croire, il prouvera qu'elle est bonne.

JEANNE *du Vaudeville.*

Voilà notre affaire.

ZÉPHIRE.

Il se fera bien payer, je vous le répète, mais c'est égal prenez-le, c'est le bon.

JEANNE *du Vaudeville.*

Un mot suffira pour éclairer nos juges

Air : *Vaud. du Piège.*

Il peut dire qu'à plaire à tous
Chacune est ici disposée.

JEANNE, *du Cirque.*

Qu'obliger nous semble bien doux !

ZÉPHIRE.

La chose me parait aisée.

JEANNE, *de Chapelain.*

En plaidant pour nous en ces lieux,
Il faut qu'il prouve en homme habile
Notre innocence à tous les yeux...

ZÉPHIRE.

Cela paraît plus difficile.

JEANNE *du Vaudeville.*

Pas tant, Monsieur.

Air : *Ces postillons sont d'une maladresse.*

Je suis toujours ce que j'étais naguères,
Le prouverai, par maint exploit nouveau.
Car une épée a dans mes mains guerrières
Bien plus de grâces qu'un fuseau.
Partout, monsieur, partout on me renomme,
Et, malgré mes faibles attraits,
Les ennemis en moi voyaient un homme....

ZÉPHIRE, *à part.*

A quelque chose près. (bis.)

JEANNE *du Vaudeville (avec feu.)*

Qu'on donne le signal du combat, voir même un combat singulier et l'on verra qu'un homme ne me fait pas peur.

ZÉPHIRE.

Mademoiselle, je n'en doute pas.

JEANNE *du Vaudeville.*

Et qui vous dit que vous en doutiez ? Je dis seulement que vous êtes hors du sens des grands desseins de Dieu, qui donne force aux faibles, et calamité à l'oppresseur ; il m'a transmis son pouvoir, aussi je vous baille assurance que l'Anglais n'a pas d'ennemi plus déclaré et que si ce farouche adversaire parait sait devant moi encore tout enivré de ses tromphes, ce serait l'heure de convertir en deuil sa joie insensée.

JEANNE du *Cirque*.

Encore du galimatias.

JEANNE du *Vaudeville*.

Galimatias tant que vous voudrez ; mais dites-moi, ma bonne.....

JEANNE du *Cirque*.

Je ne suis pas bonne.

JEANNE du *Vaudeville* (*continuant.*)

Viendriez-vous du Cirque Olympique pour m'apprendre à parler ?

JEANNE du *Cirque*.

Non, nous parlons trop mal pour cela ; mais votre langage prouve que vous en voulez beaucoup aux Anglais.

JEANNE du *Vaudeville*.

Je vous l'avoue, je ne les aime pas du tout.

JEANNE du *Cirque*.

Ni moi non plus, mais je leur rends justice.

JEANNE du *Vaudeville* (*à Zéphir.*)

Elle est payée pour ça, l'Écuyé Ducrow la soutient depuis six mois. Mais silence, M. Mercure revient de ce côté.

ZÉPHIRE.

Laissez-moi seul un moment avec lui ; je me charge de votre affaire.

JEANNE d'*Orléans*.

Dites lui que je lui réciterai mes vers.

JEANNE de *Chapelain*.

S'il a quelque respect pour l'âge, il me vengerera de l'oubli dont on m'accable.

JEANNE du *Vaudeville*.

Faites-lui entendre que je suis très-humaine, malgré mon air sévère, et qu'il ne perdra pas son tems avec moi.

ZÉPHIRE.

Air : *Bon voyage, cher Dumollet.*

Patience,
Autant d'attraits
Vent de Mercure exciter l'éloquence,
Patience
Et du succès
D'avance,
Ici, moi, je vous répondrais.

L'Épée de Jeanne d'Arc.   C.

JEANNE *du Cirque,* (*à Zéphir.*)

La craint, hélas! toutes trois les assiège;
C'que vous direz les occupe beaucoup;
Qu' n'ont-ell' comm' moi quelques jours de manège,
Ell's vous laiss'raient la bride sur le cou.

TOUS.

Patience, etc.

(*Les quatre Jeanne d'Arc sortent.*)

SCENE IX.

ZÉPHIRE, MERCURE, *de mauvaise humeur.*

ZÉPHIRE.

Arrive donc, mon cher Mercure! mais qu'as-tu?

MERCURE.

Je suis très-mécontent. Imagines-toi que Jupiter ne veut pas qu'on se mette à table avant le prononcé du jugement, et que depuis ce matin, je n'ai presque rien pris.

ZÉPHIRE.

Pour un dieu qui a l'habitude de prendre, je conviens que c'est dur.

MERCURE.

A qui le dis-tu? mais où sont donc nos Jeannes-d'Arc?

ZÉPHIRE.

Elles sont allées faire une petite promenade dans les nuages.

MERCURE.

J'entends, elles prennent l'air.

ZÉPHIRE, *continuant.*

Et elles m'ont chargé de te demander si tu voulais leur servir d'avocat.

MERCURE.

Quoi! à toutes les quatre?

ZÉPHIRE.

Pourquoi pas? tu as de l'éloquence; ce sera, je crois, une excellente affaire.

MERCURE.

Parler pour quatre femmes, tu n'y penses pas, cela est impossible.

ZÉPHIRE.

J'ai pourtant promis....

MERCURE.

Oui?... Eh! bien, vas leur dire que je les attends.

ZÉPHIRE.

J'y cours.

 Air : *Pardon de la méprise.* (de Bano-lin.)

  Tu vas rester seul avec elles,
  Soit à la fois subtil, adroit,
  Et dans la cause de ces belles,
  Songe à bien soutenir ton droit.

   MERCURE.

  En tous lieux on connaît Mercure,
  Le scandale fait son bonheur,
  Il vit de larcin et d'usure...

   ZÉPHIRE, *l'interrompant.*

  Or tu seras bon procureur.
Ensemble. { Tu vas rester seul avec elles, etc.
  Je vais rester seul avec elles, etc.

SCENE X.
MERCURE, *seul.*

Ah! ces demoiselles veulent un avocat, et toutes m'ont choisi. Cela n'est pas étonnant, j'ai une réputation si bien établie à Paris!... Mais j'y pense, en acceptant de les protéger toutes, je me vois forcé de plaider pour et contre. Ah! ma foi, si l'aventure est piquante, elle n'est pas neuve. Ah! ah! mes clientes s'approchent, ces dames sont je crois accoutumées à de grandes politesses, allons au-devant d'elles et soyons galant.

SCENE XI.
MERCURE, LES QUATRE JEANNE-D'ARC.
 (*Mercure doit occuper le milieu.*)

  JEANNE *du Vaudeville.*

Eh bien! Monsieur, consentez-vous à parler pour moi?

  JEANNE *du Cirque.*

Pour moi?

  JEANNE *d'Orléans.*

Pour moi?

  JEANNE *de Chapelain.*

Et pour moi?

  MERCURE.

Oui, mesdemoiselles, je suis décidé à me mettre en quatre pour vous aujourd'hui. Mais voyons quels sont vos titres?

JEANNE *du Vaudeville.*

Je viens du Vaudeville avec ce certificat de bonne conduite, qui atteste....

MERCURE, *le regardant.*

Il est signé de *Gaspard-l'Avisé* et de *Monsieur Sans-Gêne.*

JEANNE *du Vaudeville.*

Ils agissent très-bien avec moi.

MERCURE, *à part.*

Je suis étonné qu'elle approuve leur conduite, il y a au moins dix ans qu'ils la laissent en repos.

JEANNE *du Cirque.*

Voici le mien.

MERCURE.

Ah! le vôtre est signé de *Robert le diable* et du *Renégat*? Il me paraît que vous choisissez bien votre monde?

JEANNE *de Chapelain.*

Moi, je n'ai pas de certificat d'innocence.

JEANNE *d'Orléans.*

Ni moi non plus.

MERCURE.

C'est tout comme si vous en aviez.

JEANNE *du Vaudeville.*

De plus je vous conterai mon aventure, si vous voulez me prêter l'oreille.

MERCURE.

Ah mon dieu! je vous prêterai tout ce que vous voudrez.

JEANNE *du Vaudeville*

Air : *Marche du roi de Prusse.*

A pied comme à cheval,
Je vais tant bien que mal,
Et j'aime en général
Le bacchanal.
Aussi par esprit national,
Je quittai mon pays natal
Pour venger le trône royal.
D'un prince en amour sans égal
Dont l'Anglais, jaloux et déloyal,
Voulait prendre le local,
Sans cérémonial.
Devant ce roi légal,
Je parus d'un air martial,
Il prit un ton doctoral,
Et son grand maréchal
Me revêtit d'un ordre spécial
Pour faire commencer le bal.
Je partis, ce fût le signal

D'un combat vraiment infernal
Et qui fut des plus fatal
Au Breton peu jovial,
Après ce combat inégal,
En tout point digne d'Annibal,
Officier, sergent, caporal,
Clopin, clopant à l'hôpital,
Vont réclamer un secours vital
En se grattant l'os frontal.
   Sous un arc triomphal,
   Un peuple libéral
M'offre au retour un régal
   Frugal.
Mais un seigneur féodal,
Et très-peu social,
Trouva que mon succès colossal
Était un crime capital,
Avec un sang-froid glacial,
Et sous un prétexte banal,
Il me prit... pour mon fier rival,
C'était-là le principal.
Sans remords, ce français vénal,
Bientôt pour un peu de métal
Me vendit à l'Anglais brutal
Qui paya bien son tribunal,
D'après un jugement prévôtal
Je fus brûlée au total.

MERCURE.

Brûlée! et brûlée innocente!

JEANNE *du Vaudeville*.

Comme on ne l'est pas, je vous assure.

JEANNE *du Cirque*.

Moi, comme je n'aurais à vous dire que ce que mademoiselle vient de vous chanter, je me tairai.

JEANNE *d'Orléans*.

Moi aussi.

JEANNE *de Chapelain*.

Et moi aussi.

MERCURE.

C'est fort bien fait à vous, mais je dois vous dire, mesdemoiselles, que c'est ici comme partout, qu'il faut que chacun vive de son métier.

JEANNE *du Vaudeville*.

Je ne suis pas riche.

JEANNE *du Cirque*.

Ni moi.

JEANNE *d'Orléans*.

Ni moi.

JEANNE *de Chapelain.*

Ni moi.

MERCURE

Vous le savez : « Il est avec le ciel des accommodements.»
(*Il presse dans ses bras Jeanne du Vaudeville et Jeanne du Cirque.*)

JEANNE *du Vaudeville* (*se fâchant.*)

Vive dieu ! vous voudriez ?...

MERCURE (*ne laissant pas achever.*)

Pourquoi non ?

Air : *Ma belle est la belle des belles.*

Mercure, ami dès son jeune âge
Des plaisirs, de la volupté,
Près de fille au gentil corsage,
D'amour fut toujours transporté !
Il chérit les graces nouvelles,
D'ailleurs les dieux sont plus flattés
De plaire à de jeunes mortelles,
Qu'à de vieilles divinités.

JEANNE *de Chapelain* (*piquée.*)

Monsieur, serait-ce une épigramme contre moi ?

MERCURE.

Pourriez-vous le croire ? vous n'êtes pas une divinité.

JEANNE *d'Orléans.*

Mais le mérite de vos déesses ?...

MERCURE.

Se réduit à bien peu de chose.

Air : *De la Rosière.*

Thémis déraisonne,
Erato grisonne,
Minerve gasconne ;
Flore est sans beauté,
Et dans une orgie
Hébé poursuivie
Verse l'ambroisie
Et verse à côté.
La vieille Aurore
Se décolore,
Et Terpsichore
Vend chers ses faux pas.
Diane est plus belle,
Mais peu fidèle
Et de Cybelle
On fuit les appas.
Euterpe est très-sotte,
Pomone est dévote,
Vénus est bigote,
Leur sort est pareil.

La triste Uranie,
Près de Polymnie
Perdit son génie
D'un coup de soleil.
Thétis, je pense,
Quoiqu'en démence
Pour votre France
Se porte trop bien.
Lorsqu'affaiblie,
Lorsque vieillie,
Dame Thalie
Parle et ne dit rien.
Hygie est malade,
Et Phœbé maussade,
A la limonade
S'est mis hier soir.
N'ayant rien à faire,
Bellone moins fière
Chez une lingère
Occupe un comptoir.
Cérès se farde,
Junon criarde,
Clio bavarde
A tort à travers,
Et Melpomène,
Toujours très-vaine,
En souveraine
Ecorche des vers.
Proserpine est laide,
Mais quand on l'obcède
Bientôt elle cède
Malgré ses refus.
Et pire qu'Esope
On voit Calliope
Triste en son échoppe,
Faire des rébus.
Vesta se pique
D'être pudique,
Mais on replique
Que c'est par hasard.
Plus loin Latonne
Que rien n'étonne
Sur une tonne
Boit comme un hussard.
Les Nymphes vieillissent,
Les Parques périssent,
Les Graces maigrissent,
Bref, le croirait-on?
Qui de l'Empirée,
Voit, dès son entrée,
La voûte éthérée
Croit voir Charenton.

Maintenant croyez-vous que ce soit un crime de leur être inconstant ?

JEANNE du Vaudeville.

Je ne dis pas cela.

JEANNE du Cirque.

Ni moi.

JEANNE d'Orléans.

Ni moi.

JEANNE de Chapelain.

Ni moi.

MERCURE.

Eh bien ! humanisez-vous un peu, et qu'une simple faveur...

JEANNE du Cirque.

Une faveur ?

MERCURE.

Oui, beauté équestre, une simple faveur.

JEANNE du Cirque.

Ah ! que je suis donc fâchée de n'avoir pas apporté les rubans que je franchis tous les soirs ; je vous aurais donné des faveurs.

MERCURE, à part.

Précieuse innocence! (*haut.*) Mais la faveur que je demande à chacune de vous est un baiser.

TOUTES.

Un baiser !

MERCURE.

Oui, mesdemoiselles, et je suis à vos ordres à ce prix.

JEANNE du Vaudeville.

De par Saint-Michel, je ne vous l'accorderai pas.

JEANNE du Cirque.

Ni moi.

JEANNE d'Orléans.

Ni moi.

JEANNE de Chapelain.

Ni moi. (*à part.*) Ah ! qu'il m'en coûte de refuser. Il y a si long-tems que pareille occasion ne s'était présentée.

MERCURE.

Allons, mesdemoiselles, décidez vous; et, tenez, je suis bon diable : que trois disent oui, et je fais grâce à la quatrième.

(*Il désigne celle de Chapelain, et passe à gauche, pour que les quatre Jeanne d'Arc soient à côté l'une de l'autre.*)

TOUTES LES QUATRE, *avec fierté.*
Air : *De ma triste Aurore.*

Vous oubliez les bienséances
En nous demandant un baiser,
Et pour sauver les apparences
Nous devons vous le refuser.
(*Prenant un ton plus doux.*)
Si pourtant un baiser bien tendre,
Pour votre cœur a des appas,
On pourra vous le laisser prendre
Mais le donner ne se peut pas.

JEANNE d'Orléans, *passant devant Mercure et se laissant prendre un baiser.*

Non, monsieur, vous n'l'aurez pas.
JEANNE, *du Cirque, idem.*
Non, monsieur, vous n'l'aurez pas.
JEANNE, *du Vaudeville, idem.*
Non, monsieur, vous n'l'aurez pas.

MERCURE, *à part.*
Elles ont donc été à l'enseignement mutuel.

JEANNE, *de Chapelain, arrivant la dernière.*
Non, monsieur, vous n'l'aurez pas.
MERCURE, *la regardant.*
De celle-ci, moi je n'en veux pas.

MERCURE, *à part.*

Vivat ! elles ne sont pas plus cruelles que les autres, et n'ont de Jeanne d'Arc que l'habit et le nom. Ah ! vous avez voulu abuser Jupiter ; c'est bon, que l'occasion se présente, et nous verrons.

(*On entend un bruit confus de bravos qui semble venir du dessous.*)

LES QUATRE JEANNE-D'ARC.
D'où vient ce bruit ?

MERCURE, *après avoir écouté.*
Je ne me trompe pas ; il vient de Paris. Voyons ce qui s'y passe. (*Il lève un juda placé dans le milieu du théâtre.*) Ah ! ah ! une nouvelle Jeanne-d'Arc paraît dans la rue de Richelieu.

LES QUATRE JEANNE D'ARC.
Une nouvelle Jeanne-d'Arc ! (*Les bravos redoublent.*)
MERCURE.
Oui, mesdemoiselles, et vous l'entendez, elle est fort bien accueillie.

L'Épée de Jeanne d'Arc.   D

LES QUATRE JEANNE-D'ARC.

C'est une trahison.

MERCURE.

Air: *Ce magistrat irréprochable.*

De Duchesnois le talent admirable,
A cet ouvrage assure un long succès ;
Et pourrait-il ne pas être durable,
L'auteur s'est montré bon français.
Lorsqu'aux talens d'une actrice chérie
Le poëte sait réunir
Des sentimens si chers à la patrie ?
Il est bien sûr de réussir.

O l'excellente idée ! (*il écrit sur ses tablettes, et les jette ... le juda.*) Maintenant j'ai de quoi me venger, et l'on ... que la vengeance est le plaisir des dieux.

SCÈNE XI.

Les Précédens, ZÉPHIRE, *accourant.*

ZÉPHIRE.

Air: *La légère.*

Du silence, (*bis.*)
Ici Jupiter s'avance,
Du silence, (*bis*)
De ces lieux il est tout près,
Tâchez, pour vos intérêts,
De rester à l'audience
Surtout beaucoup d'éloquence
Ou vous perdrez ce procès.

JEANNE, *du Vaudeville.*

Je veux soutenir mon rôle,
Et, s'il le faut,
Crier haut.

JEANNE, *du Cirque.*

Fillette ayant la parole,
N'peut êtr' jugée par défaut.

Ensemble.

ZÉPHIRE et MERCURE.

Du silence, etc.

LES QUATRE JEANNE.

Du silence, (*bis.*)
Ici Jupiter s'avance,
Du silence, (*bis.*)
A nous juger il est
Prêt.

MERCURE, *aux Jeanne-d'Arc qu'il prend sous le bras.*
Jupiter vient, sauvons-nous.
ZÉPHIRE.
Que fais-tu donc là?
MERCURE.
J'emporte les pièces du procès.
(*il se sauve avec les Jeanne-d'Arc.*)
JEANNE de *Chapelain,* courant après lui.
Et moi donc, et moi.

SCÈNE XIII.

JUPITER, ZÉPHIRE, Dieux, Esprits aériens.

(*Ils forment un cortége, et entrent en mesure sur l'air suivant.*)

CHOEUR.

Air: *De Jocrisse aux enfers.*

Allons
Dépêchons,
Avançons,
Et soyons
Profonds.
Quand nous jugerons
Disons, redisons,
Prouvons et reprouvons
Que nous sommes dieux et lurons.

JUPITER.

Pour conserver ces tendrons,
Ici, toute la semaine,
Comme à Paris nous pourrons
Remettre l'affaire à huitaine.

CHOEUR.

Allons
Dépêchons, etc.

(*Jupiter se place sur un nuage qui lui sert de bureau; les autres Dieux se placent à sa droite et à sa gauche.*)

JUPITER.

Qu'on dépose sur mon bureau les armes de Jeanne-d'Arc.

ZÉPHIRE.

Seigneur, les voici.

(*Un Esprit aérien apporte sur un coussin une épée et un casque.*)

JUPITER, *à Zéphire.*

Maintenant, appelez les causes.

SCÈNE XIV.

Les Mêmes, MERCURE, *en avocat; les ailes de son chapeau doivent être disposées de manière à se dresser lorsqu'il met son bonnet d'avocat*); LES JEANNE-D'ARC.

LES JEANNE-D'ARC, *entrant les premières, et très-haut.*
Nous voilà, nous voilà, nous voilà.
(*Jeanne du Vaudeville et Jeanne de Chapelain restent à droite; Jeanne du Cirque et Jeanne d'Orléans passent à gauche.*)

ZÉPHIRE.
Mesdames, un peu moins haut, si c'est possible.

JUPITER.
Avocats des Jeanne-d'Arc, êtes-vous en cour?

MERCURE, *changeant de ton.*
Présent, présent, présent, présent.
(*Il descend près de Jeanne du Vaudeville.*)

JUPITER, *aux Jeanne-d'Arc.*
Nobles héroïnes, vous qui prétendez avoir des droits à l'épée de Jeanne-d'Arc, parlez ou faites parler.

TOUTES LES JEANNE-D'ARC, *très-haut.*
Nous ferons parler, nous ferons parler, nous ferons parler.

JUPITER.
Ah! par ma foi! voilà qui m'étonne! Je ne m'attendais pas à celui-là. (*à Mercure.*) Avocat de Jeanne du Vaudeville, vous avez la parole.

MERCURE, *à voix forte et basse.*
Messieurs, l'emphase et l'exorde sont toujours l'ornement d'une mauvaise affaire; aussi je ne m'en servirai pas. Il s'agit ici de la cause de Jeanne-d'Arc, et je m'y jète à corps perdu, en m'écriant: la mort vous a enlevé cette héroïne, quoi de plus ordinaire? Le sort a mis ses armes entre vos mains, quoi de plus juste? Vous êtes juges, Messieurs, et vous êtes disposés à les rendre, quoi de plus rare? Ces armes si précieuses sont en ce moment réclamées par ma cliente qui a, j'ose le dire, presque tout ce qu'il faut pour les posséder, et je le prouve. Pendant un laps de tems assez considérable, ses grâces, sa jeunesse, sa vaillance charmèrent, entre huit et neuf heures du soir, un public éclairé qui se plaisait à applaudir à ses belles actions. L'audacieux Suffolck, le traître Fastol, tous deux

Anglais d'origine, furent vaincus cent fois par elle dans la rue de Chartres, car il faut vous le dire, Messieurs, c'est là qu'était le théâtre de ses exploits. Voilà pour son courage; je vais parler pour ses vertus, ce ne sera pas long.

Air : *Il ne fallait quitter l'empire.*

Mon héroïque et prudente guerrière,
Après avoir par ses nombreux exploits,
Su résister aux coups de l'Angleterre,
Sut résister à l'amour de Denois.
Ce prince, malgré sa jeunesse,
Son or, ses titres, sa beauté,
Par ma Jeanne fut rejeté,
Voilà, messieurs, voilà de sa sagesse
De la première qualité!...

JUPITER.

C'est vrai, ou je ne m'y connais pas. Avocat de Jeanne *du Cirque*, parlez.

MERCURE, *passant près de Jeanne du Cirque, et d'une voix haute et claire.*

Lorsque ma faible voix s'apprête à retentir dans le sanctuaire des lois, je compte moins sur la bonté de ma cause, que sur l'équité des juges qui m'écoutent; et plein d'une confiance aveugle, je soutiens que dans ce que vient de dire la partie adverse, il y a agression, ommission, provocation et violation. Sans crier comme elle d'abord, j'atteste, *primo*, que les armes de Jeanne-d'Arc doivent appartenir en toute propriété à ma cliente; l'épée par le fond, le casque par la forme, et deux mots suffisent pour le prouver. Mon héroïne n'est point une héroïne ordinaire, messieurs, elle se bat, mais ce n'est pas au son du galoubet et de la cornemuse; c'est au son belliqueux du trombonne, de la trompette, et de la grosse caisse; voyez-la, messieurs, entourée du *cheval Gastronome*, du *Tigre*, du *Régent*, de *Coquette*, et du *cerf Coco*, voyez-la soutenir dans la mêlée un combat à pied et à cheval, supporter pendant deux heures, chaque soir, l'odeur désagréable de la fumée, du feu, de la poudre, des pétards!.. Songez, messieurs, que je n'employe pas l'artifice pour vous étourdir... Voyez-la, dis-je, sous les murs d'Orléans, tuer vingt Anglais d'un coup de lance, trente d'un coup d'épée; ils n'en meurent pas, allez-vous me répliquer, mais n'importe.

JUPITER.

Il importe beaucoup.

MERCURE.

Air : *Un homme pour faire un tableau.*
Il n'en est pas moins abattu,
Et l'on voit cette noble femme
Dans les rangs de l'Anglais vaincu
Faire flotter son oriflamme,
Agée à peine, de seize ans,
Devant Orléans qu'elle assiège...

JUPITER, *l'interrompant avec humeur.*

Orléans! toujours Orléans!...
Si l'on parle encor d'Orléans,
On me verra lever le siège.

MERCURE.

Je ferai observer à monsieur le président.

JUPITER.

Dépêchez-vous.

MERCURE.

Il faut que je parle de sa sagesse.

JUPITER.

Abrégez.

LES QUATRE JEANNE-D'ARC, *criant très fort.*

Le jugement, le jugement, le jugement.

MERCURE.

Un moment, j'ai encore deux dames Jeanne sur les bras.

JUPITER.

Qu'elles y restent. Leur histoire m'est connue, ma nourrice m'a bercé avec ça, et jugeant d'ailleurs que l'une pourrait par trop endormir le public, et que l'autre pourrait par trop le réveiller, leurs causes seront jugées à huis-clos.

LES QUATRE JEANNES-D'ARC, *de même.*

Le jugement, le jugement.

JUPITER, *agitant sa sonnette.*

Silence. (*à Zéphire.*) Qu'on m'apporte la balance de la justice.

MERCURE.

Air : *Des fleurettes.*

La chose est inutile
Pour un tel plaidoyer,
Ah! laissez-la tranquille
Au fond de son grenier.
Car cette balance auguste
Qu'on fit sortir tant et tant
Est trop usée à présent
Pour être juste.

JUPITER.

Je suis trop honnête pour vous démentir. (*On entend gronder le tonnerre.*) Ah! par exemple, je voudrais bien savoir qu'est-ce qui fait aller mon tonnerre sans ma permission.

MERCURE, *à part.*

C'est sans doute Jeanne-d'Arc de la rue de Richelieu, elle arrive à propos.

LES QUATRE JEANNE-D'ARC, *de même.*

Le jugement, le jugement, le jugement.

JUPITER, *agitant encore sa sonnette.*

Mais silence donc.

Air : *Vaud. des filles à marier.*

Je ne sais comment faire.

TASSE, *de Cirque.*

C'n'est pas l'seul conseiller
Qui dans pareille affaire
N'pourrait rien débrouiller.

JUPITER.

Quelle étrange équipée,
Qui donc d'après cela
Mérite cette épée?

(*Le tonnerre gronde de nouveau, et Jeanne-d'Arc des Français, paraît sur un nuage, supporté par des gens qui semblent applaudir encore.*)

ZÉPHIRE, MERCURE, ESPRITS AÉRIENS.

La voilà, (*bis.*)
Méritant cette épée,
La voilà. (*bis.*)

SCENE XV et dernière.

Les Précédens, JEANNE-D'ARC *des Français.*

JUPITER, *étonné.*

Comment! encore une Jeanne-d'Arc? mais il en pleut donc aujourd'hui.

JEANNE *des Français.*

Je mérite ce nom honoré d'âge en âge.
Oui, je suis Jeanne d'Arc, et j'en ai le courage.

JUPITER.

Je vois ce que c'est; c'est vous qui avez acroché mon tonnerre en passant ; cependant les chemins sont larges.

JEANNE *des Français*, *parodiant.*

Ecoutez.
Sur la scène aujourd'hui je vainquis mes rivaux
Et le public payant couronna mes travaux.

JUPITER.

Tant mieux pour votre caissier.

JEANNE *des Français.*

Ecoutez.
En dépit des caquets de quelques péronnelles
Je me dis hautement la perle des pucelles
J'ai su vaincre l'Angais, j'ai su venger mon roi.
Mais au nom de l'honneur qui rejaillit sur moi,
Qu'on me donne un fauteuil, je suis encore troublée
D'avoir été ce soir applaudie et brûlée.

JUPITER.

Voulez-vous un peu d'eau de Cologne?

JEANNE *des Français, se fâchant.*

Ecoutez, Ecoutez.
C'est un plus noble prix que j'attendais des mains
De celui qui commande au reste des humains.
Si d'un ardent brasier je me suis échappée
C'est pour avoir de Jeanne et le casque et l'épée ;
Seule e les mérite et je sens qu'en ces lieux
Je les disputerais même au maître des dieux.

JUPITER.

Diable! c'est une luronne!

JEANNE des Français.

Sans tarder donne-moi ce que je te demande,
Mon surnom, tu le sais, n'est pas de contrebande.
Ma valeur, mes exploits, de chacun sont connus.
Mon honneur est intact, que te faut-il de plus ?
J'ai dormi dans les camps et le soldat fidèle
Avec moi partageait tout!... par excès de zèle.
Mais de mon innocence ici je l'avouerai,
J'ai le certificat sur du papier timbré.

LES AUTRES JEANNE D'ARC, criant très-haut.

C'est comme nous, c'est comme nous.

JEANNE des Français.

Mieux que vous j'ai servi le monarque et la France,
En beaux vers j'ai chanté mes exploits, ma vaillance,
Enfin j'ai fatigué par un brillant succès
Ce soir toutes les mains du parterre français.

MERCURE.

N'avez-vous pas aussi, pour doubler ces merveilles,
En fatiguant ses mains, fatigué ses oreilles?

JEANNE des Français.

Vous cherchez à me nuir?... ah! vous êtes Anglais!
Eux seuls ont pu troubler ma gloire et mes succès.
Mais je brave leurs cris, la foule protectrice
A mes vers tout français a su rendre justice ;
Et je puis espérer aussi quelques lauriers
Puisqu'on en accorda naguère aux templiers.
Il existe entre nous beaucoup de ressemblance,
Ils avaient des vertus!... j'étouffe d'innocence!
Et c'est le même prix qu'ici je viens chercher
Puisque je meurs, chez nous, sur le même bûcher.

JUPITER, aux dieux qui l'entourent.

Messieurs, après avoir ouï la dernière venue qui pour cela
n'en est pas la plus mauvaise, je pense qu'elle se présente avec
des titres qui prouvent assez en sa faveur, pour que nous lui
accordions la préférence sur toutes celles qui ont paru jusqu'à
ce jour.

LES AUTRES JEANNE D'ARC, criant très-haut.

C'est mal jugé, c'est mal jugé.

JUPITER, *prenant sa prise de tabac.*
On ne vous demande pas votre avis mesdemoiselles. (*aux dieux.*) Qu'en dites-vous, messieurs ?

LES DIEUX ET LES ESPRITS.

Air : *Quelle singulière aventure.*

Elle est digne de cet hommage,
Par ses talens, par ses succès.
A sa tournure, à son langage
On voit qu'elle vient des Français.

JUPITER, *lui présentant les armes de Jeanne d'Arc.*

Si les soldats de l'Angleterre,
Chez vous reprenaient leur essor,
Avec cette armure guerrière
Faites les reculer encor.

(*Reprise du chœur.*)
Elle est digne de cet hommage, etc.

LES AUTRES JEANNE D'ARC, *très-haut.*
Il y a eu de la cabale, il y a eu de la cabale.

JEANNE *des Français, ceignant l'épée de Jeanne d'Arc.*
Le puissant Jupiter me donne gain de cause,
De la Pucelle enfin, j'aurai donc quelque chose !

VAUDEVILLE.

Air : *Vaudeville des Bêtes savantes.*

JUPITER, *désignant Jeanne des Français.*

En la voyant on était
Assuré d'avance
Que cette Jeanne ferait
Pencher la balance.

JEANNE, *d'Orléans.*

On peut voir sans fixion
Dans Bébé la naine,
Une vieille édition
D'la Lilliputienne.

UN ESPRIT.

Le Luxembourg y verra
Mieux que Diogène,
Car dans sa lanterne il a
Du gaz hydrogène.

JEANNE, *du Cirque.*

J'ons r'pris d'vieilles pièces chez nous,
J'crôyons qu'c'est sottises,
Car on bouche mal des trous
Avec des reprises.

JEANNE, *du Vaudeville.*
Il faudrait à l'Odéon,
Qui d'se montrer grille,
Avec une nouvelle maison,
L'u' nouvell' famille.

ZÉPHIRE.
Pour nous quel malheur nouveau,
Argus n'y voit goutte.
Bacchus est dans son tonneau
R'tenu par la goutte.

JEANNE, *de Chapelain.*
Pour le Français amateur,
Surprise nouvelle,
Près de la Fille d'honneur
Il voit la Pucelle.

MERCURE.
L'auteur qu'on a fait trembler
Pour une satyre.
Maintenant pourra parler
S'il n'a rien à dire.

LES CINQ JEANNE, *au public.*
Messieurs, un brillant succès
Nous rendrait bien aises,
Traitez donc en bons français
Des dames Françaises.

FIN

Ouvrages qui se trouvent chez BARBA, Libraire.

HISTOIRE PHILOSOPHIQUE DE LA RÉVOLUTION DE FRANCE, depuis 1787 jusqu'au retour de S. M. Louis XVIII en 1814, par Fantin Désodoards, 8 vol. in-8°, ornés du portrait de l'auteur. 56 f.

Cette sixième édition est un ouvrage neuf ; il est entièrement refait. L'auteur y professe une grande impartialité ; il a extirpé, si j'ose m'exprimer ainsi, une poignée d'intrigans révolutionnaires de la masse de la nation française, il la justifie aux yeux de l'Europe et de la postérité ; en un mot, il rend justice aux braves gens et aux gens braves. Cet ouvrage doit plaire aux hommes impartiaux de tous les pays.

LE CUISINIER ROYAL, ou l'Art de faire la Cuisine et la Pâtisserie, pour toutes les fortunes, avec la manière de servir une table depuis vingt-cinq jusqu'à soixante couverts. Neuvième édition, revue, corrigée et augmentée de cent cinquante articles ; par A. Viard, homme de bouche ; suivie d'une notice sur les vins, par M. Pierhugue, sommelier du Roi, un vol. in-8. 6 fr.

Cet ouvrage a été réimprimé huit fois dans l'espace de dix années. L'auteur étant en pays étranger, il n'a pu réparer les omissions qui manquaient dans les huit premières éditions. Depuis son retour en France, il a complété son livre, qui peut passer pour le meilleur Manuel de Cuisine qui existe.

ŒUVRES COMPLÈTES DE PIGAULT-LEBRUN
66 vol. in-12, figures. Prix, 160 fr.

Ces ouvrages se vendent séparément.

Garçon (le) sans souci, 2 vol. in-12. fig.	5 f.
L'Officieux, 2 vol. in-12. fig.	5 f.
Adélaïde de Méran, 4 vol. in-12.	10 f.
Angélique et Jeanneton, 2 vol. in-12.	5 f.
Barons (les) de Felsheim, 4 v. in-12.	10 f.
Citateur (le), 2 vol. in-12.	6 f.
Cent vingt jours (les), 4 vol. in-12.	10 f.

Cet ouvrage contient : Théodore, ou les Péruviens, 1 vol., M. de Klinglin, 1 vol. ; chaque volume se vend séparément   2 f. 50 c.

Enfant (l') du carnaval, 2 v. in-12.	5 f.
Famille (la) Luceval, 4 vol. in-12.	10 f.
Folie (la) Espagnole, 4 vol. in-12.	10 f.
Jérôme, 4 vol. in-12.	10 f.
Homme (l') à projets, 4 vol. in-12.	10 f.
Mélanges littéraires et critiques, 2 vol. in-12.	5 f.
Mon Oncle Thomas, 4 vol. in-12.	10 f.
Monsieur Botte, 4 vol. in-12.	10 f.
Monsieur de Roberville, 4 v. in-12.	10 f.
Théâtre et poésies, 6 vol. in-12.	12 f.
Une Macédoine, 4 in-12.	10 f.
Tableaux de Société, 4 vol. in-12.	10 f.

Pièces de Théâtre.

La Fille d'Honneur, comédie en 5 actes, en vers, de M. Duval.	3 fr.	
Le Garçon d'Honneur, imitation, vaudeville en 1 acte.	1	
Petit Pinson (le), vaud. en un acte, de M. Mélesville et Poisson.	1	25 c.
Dîner de Madelon (le), vaudeville en un acte, de M. Désaugiers, nouvelle édition, augmentée.	1	25.
Pacotille (la), comédie en 3 actes, de M. Planard.	1	50.
Troqueurs (les), opéra en un acte, de M. Dartois.	1	25.

www.ingramcontent.com/pod-product-compliance
Lightning Source LLC
Chambersburg PA
CBHW060705050426
42451CB00010B/1285